El **niño**  que soy

THE CHILD THAT I AM

Lumen

unicef

El niño que soy. The child that I am

D. R. © 1998, Rayuela Taller de Ediciones, C.A. (sobre la edición)
D. R. © 1998, Rosario Anzola
© de las ilustraciones: Cristina Solé
© de la traducción al inglés: María Elisa Hernández

Derechos exclusivos de edición en español reservados para Latinoamérica, excepto Venezuela:

D. R. © 2009, Random House Mondadori, S. A. de C. V.
    Av. Homero núm. 544, col. Chapultepec Morales,
    Del. Miguel Hidalgo, C. P. 11570, México, D. F.

Primera edición para Estados Unidos: junio, 2010

www.rhmx.com.mx

Comentarios sobre la edición y el contenido de este libro a:
infantil_juvenil@rhmx.com.mx

ISBN: 978-030-739-345-6

Impreso en México / *Printed in Mexico*

Distributed by Random House Inc.

ROSARIO ANZOLA

El niño que soy

THE CHILD THAT I AM

Ilustraciones: Cristina Solé

El **niño** que soy

Surgido como **Temario para una maestra**, este libro significa para
su autora, Rosario Anzola, la afiebrada conciencia de un oficio
que codificará el tiempo y el espíritu de una época. Hoy, se presenta
al público este nuevo título, el esencial: **El niño que soy**,
y esta adaptabilidad la determina el discurso poético, antes que
el pedagógico, que recorre sus páginas.

El niño permanente, el que existe semioculto en todos nosotros, toca
la palabra del silencio que abruma y afirma su existencia con voz
atrevida, desafiante y afirmativa. Miles de hojas se han amarillado
prematuramente antes de la aparición de este tono, estilo y galanura
de un expectante universal: el niño. Las puertas y ventanas de papel
de la literatura, bajo otros ramajes e idiomas, esperan la visita de
este niño que soy, que somos. El omnisciente aventurero, sin rocín
y sin molinos, pero con la fuerza de sus límites y su deseo de amar,
rasga las vestiduras de lo que hasta ayer fue un pretexto literario.
El niño que soy, así simplemente, como un árbol que habla, un río
que piensa y una mano que dirige el horizonte, entra a sus ojos,
a su espacio y tiempo con una fuerza singular y única.

Caupolicán Ovalles

THE CHILD THAT I AM

Originally written as **Handbook for a teacher**, this book means for the author, Rosario Anzola, the intense consciousness of a work that will codify the time and spirit of an epoch. Today it is introduced to the public with this title: **The child that I am**, and this adaptability is determined rather by its poetic discourse than by its didactic style.

The permanent child that exists almost hidden in everyone, touches the word of the silence that overwhelms and asserts his existence with a loud challenging and affirmative voice. Thousands of sheets have turned yellow prematurely before the upcoming of this tune, style and prettiness of the universal expectant: the child. The paper doors and windows of literature, throughout other branches and languages, are waiting for the visit of this child that I am, that we all are. The omniscient adventurer, without jade and without windmills, but with the strength of his limits and his wish to love, rips the garments of what until yesterday was a literary excuse. Just as simple as a tree that talks, a river that thinks, and a hand that leads to the horizon, **The child that I am** gets into your eyes at its own space and time with a unique and singular force.

Caupolicán Ovalles

Este libro no tiene pretensiones poéticas.
Es simplemente la traducción de vivencias
compartidas en las aulas, patios y talleres,
a lo largo de años.
Lo que aquí está expresado pertenece
a los niños. Va –desde ellos– dedicado
a padres y maestros.

La autora

*This book does not have poetic
pretentions. It is —simply— the translation
of shared experiences in classrooms,
playgrounds and workshops, during
the course of many years.
What is here expressed belongs to
children. It goes –from them– dedicated to
parents and teachers.*

The author

Soy un niño
con un nombre
que me sustenta:
llámame por mi nombre.

I am a child
with a name
which supports me:
call me by my name.

Acéptame como soy:
no me compares.
Yo soy
como tú,
un individuo único
con únicas maneras
de percibir,
interpretar
y expresarse.

Accept me as I am:
don't compare me to others.
I am
like you,
a unique individual
with unique ways
of perceiving,
interpreting
and expressing myself.

Aprender es agradable.
No me lo eches a perder
con castigos,
tareas
y amenazas.

Learning is pleasant.
Don't ruin it
with punishments,
homework
and threats.

Permíteme
expresarme
libremente:
no termines mi frase,
ni culmines mis trazos,
ni rellenes mis dibujos.

Allow me
to express myself
freely:
don't finish my sentences,
don't conclude my sketches,
don't color my drawings.

Intercambia
conmigo
opiniones.
Así me ayudas
a aceptar
las críticas ajenas.

Share your
opinions
with me.
This way you'll help me
accept
other's criticisms.

Mírame a los ojos
cuando me hables.
De ser posible,
colócate a la altura
de mi vista.
A veces
me duele el cuello
de mirar hacia arriba.

Look into my eyes
when you talk to me.
If at all possible,
place yourself
at my eye-level.
Sometimes
my neck hurts from
looking up at you.

El silencio me abruma.
Permíteme hablar,
yo sé hablar.
Permíteme reír,
yo sé reír.
Permíteme llorar,
yo sé llorar.

Silence overwhelms me.
Let me talk,
I know how to talk.
Let me laugh,
I know how to laugh.
Let me cry,
I know how to cry.

Te digo algo:
me interesan
sólo
mis intereses.
Lo demás
no puede entrar
en mi pensamiento.

I tell you something:
I am only
interested
in what interests me.
Nothing else
can enter my mind.

Lo cotidiano
es importante
para mí.
De allí extraigo
las comparaciones
y los contrastes
para entender
el mundo.

*Everyday living
is important
to me.
From there I pull out
the contrasts
and the comparisons
to understand
the world.*

Sé discreto
con mis asuntos:
mis piojos,
mi zurdera,
mi tartamudez
o mis rabietas
no van a desaparecer
por el hecho
de que tú
las pregones.

Be discreet
with my issues:
my lice,
my left handedness,
my stuttering
or my tantrums
will not disappear
by the simple fact
that you
publicize them.

Déjame tomar decisiones.
Sugiéreme
y plantéame
alternativas
pero
enséñame
a ser independiente:
a prescindir de ti.

Let me make my own decisions.
Suggest
and offer me
alternatives but
teach me how
to be independent:
not to be needy of you.

Estimúlame
para mantener
despiertos
mis sentidos.
Con ellos
puedo
hacer y rehacer
el universo.

Encourage me
to keep my senses alive.
With them
I can
build
and rebuild
the universe.

Necesito tu confianza
y comprensión
para aceptar
que «no sé»
o que «no puedo».
Así podré ganar
en seguridad,
confianza
y comprensión.

I need
your trust
and understanding
in order for me to accept
that «I don't know»
or that «I can't».
This way
I will be able to gain
security,
confidence
and understanding.

Si me gritas
me siento
como
un pájaro desplumado.
Si yo grito
y me hablas
en voz baja
entenderé mejor
que no debo hacerlo.

If you yell at me
I feel
like
a featherless bird.
If I yell
and you talk to me
quietly
I will understand better
that I should not yell.

Valora mis esfuerzos
más que los resultados
de mis actos.
Así
tendré ánimo
para seguir adelante
y ése será
nuestro triunfo.

Value my efforts
more than the results
of what I do.
This way
I will have the courage
to keep going on
and that will be
our triumph.

Ten conciencia
de tus sentimientos
para que puedas
entender
y respetar
los míos.

Be aware
of your feelings
so that you may
understand
and respect
mine.

Si asumes
que yo soy
un individuo
en proceso
de transformación
(y tú también),
podremos
ser solidarios
en la creación.

If you assume
that I am an individual
in the process
of transformation
(and so are you),
we will be able to
be partners
in creation.

Necesito límites
y está bien
que ejerzas
el control,
pero
hazlo con
firmeza,
congruencia,
perseverancia
y cariño.

I need limits
and it is good
that you keep my impulses
under control
but do it
consistently,
with firmness,
perseverance
and affection.

No me culpes:
mis errores
no son
mis fracasos
(ni los tuyos),
son
nuestro aprendizaje
responsable.

Don't blame me:
my mistakes
are not
my failures
(nor yours),
they are
our responsible
learning.

No me margines
ante mis tropiezos.
Sería
como abandonarme
al inicio del camino.

Don't relegate me
because of my stumbles.
It would be
like abandoning me
at the very beginning of my journey.

No hagas de mí
un conformista
o perderás
activos
para el futuro.

**Don't turn me
into a conformist
or you will lose
assets
for the future.**

No temas decepcionarme
al admitir
que te equivocas.
Piensa
más bien
que me muestras
una realidad
que necesito.

Don't be afraid to let me down
by admitting
that you were wrong.
Think
instead
that you show me
a reality
that I need.

No me pidas
que me quede «quieto»
por mucho rato.
Tengo muchos barcos
y trenes
y aviones
—caballos y mariposas—
por dentro.

Don't ask me
to stay «still»
for a long time.
I have many ships
and trains
and planes
—horses and butterflies—
inside of me.

No me ridiculices:
podría convertirme
en un caracol
que nunca
saldrá
de su caparazón.

Don't make fun of me:
it could turn me into
a snail
that will never
come out
of its shell.

No me tiranices.
Terminaré
temiéndote
pero no
respetándote.

Don't tyrannize me.
I will end up
fearing you
but not
respecting you.

No te hagas el mártir
o tendré
lástima
de ti.

Don't play the martyr
or I will
pity you.

No me sermonees
continuamente
pues
a la larga
quedaré
sordo.

Don't preach to me
continuously
because
in the long run
I will become
deaf.

No me acorrales
con preguntas
porque
me estarás
alejando
o me entrenarás
para mentir.

Don't corner me
with questions
because
you will be
pushing me away
or training me
to lie.

No me resuelvas
las cosas
porque
me harás
un desvalido.

Don't solve
issues for me
because
you will make me
a needy person.

No supongas
lo que me pasa:
indágalo.
Así
nos ayudaremos.

Don't guess what
is happening to me:
ask me.
This way
we will help each other.

No te asustes
ante
mis asombros.
¡Compártelos!

*Don't be frightened
by
my discoveries.
Share them!*

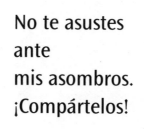

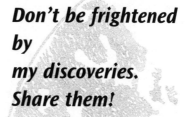

Ponte en mi lugar:
el mundo guarda
mil incógnitas
para mí.

Put yourself in my place:
the world holds
a thousand uncertainties
for me.

Un dato para
sobrevivir mañana:
enséñame
a cooperar
antes que
a competir.

A fact for
tomorrow surviving:
teach me
how to cooperate
before how to compete.

Enséñame a defenderme
sin venganza,
sin retaliación,
o perderemos
todos.

Teach me how to defend myself
without vengeance,
without retaliation,
or we will all be losing.

Enséñame también
cómo aprender,
pero quiero
aprender
explorando,
haciendo,
viviendo.

*Teach me also
how to learn,
but I want
to learn by
exploring,
doing,
living.*

79

Demuéstrame
con tu actitud
que los problemas,
los riesgos,
los cambios
y las incertidumbres
también son parte
de la felicidad.

Show me
with your attitude
that problems,
risks,
changes
and uncertainties
are also part
of happiness.

Ten presente
siempre
que
afecto,
juego
y fantasía
son los nutrientes
que me hacen falta
para crecer
por dentro.

Always be aware
that affection,
play
and fantasy
are the nutrients
that I need
to grow
inside.

Si me enseñas
que mis acciones
tienen consecuencias
transformadoras
podré vivir
en paz,
en libertad
y en esperanza.

If you teach
me
that my actions
have transforming
consequences
I will be able to live
in peace,
in liberty and
in hope.

Anímame
a inventar la mañana
sin olvidar
el justo valor
de la noche.

Encourage me
to invent the morning
without forgetting
the fair value
of the night.

`

Necesito amar
y ser amado.
    Vamos pues.

*I need to love
and to be loved.
    Come on then.*

Rosario Anzola es profesora de literatura.
Ha trabajado en todos los niveles educativos, desde preescolar hasta universidad. Ha dedicado parte de su obra a la literatura dirigida a los niños y ha ejercido la docencia en Talleres de Autoconocimiento y Creatividad para padres, maestros y niños.
Como escritora también ha incursionado en el campo de la investigación y divulgación del acervo de tradiciones venezolanas. Con igual dedicación ha realizado tres discos: **Rosario Anzola canta cosas de los niños**; **Rosario Anzola, canciones para jugar** y **Dormite mi niño**.
Ha publicado las siguientes obras: **Monólogo de un árbol solitario**; **Los yabos ardidos**; **Barcos para la lluvia**; **De Aromas**; **Romance del nacimiento**; **Siete cuentos en voz baja**; **Barro, manos y tierras de Lara**; **De Teodora Torrealba a Miguel Ángel Peraza**; **El son del ratón y otras canciones**; **Con la madre Pilar**; **¡Encontré una moneda!**; **El niño de las calas**; **Carlota, una novela para niños**; **El apagón**; **Chirriquiticos**; **Un mundo con acceso para todos**; **Por los lados del Banco Central**; **Canto a los niños del tercer milenio**; **Aguas ardientes**; **Coctel de frutas**; **La Casa de la Moneda, Noninoni** y **Dos cuentos para la libertad**.

Rosario Anzola is a professor of literature.

She has worked at all levels of education, from preschool to college. She has dedicated part of her work to literature for children and has teaching experience in creativity and self-esteem workshops for parents, teachers, and children.

As a writer, she has also researched and published work about Venezuelan traditions and customs. With the same dedication she has recorded three CDs: **Rosario Anzola canta cosas de los niños**; **Rosario Anzola, canciones para jugar** and **Dormite mi niño.**

She has published the following books: **Monólogo de un árbol solitario; Los yabos ardidos**; **Barcos para la lluvia**; **De Aromas**; **Romance del nacimiento**; **Siete cuentos en voz baja**; **Barro, manos y tierras de Lara; De Teodora Torrealba a Miguel Ángel Peraza**; **El son del ratón y otras canciones**; **Con la madre Pilar**; **¡Encontré una moneda!**; **El niño de las calas**; **Carlota, una novela para niños**; **El apagón**; **Chirriquiticos**; **Un mundo con acceso para todos**; **Por los lados del Banco Central**; **Canto a los niños del tercer milenio**; **Aguas ardientes**; **Coctel de frutas**; **La Casa de la Moneda, Noninoni** and **Dos cuentos para la libertad.**

Cristina Solé nació en Caracas en 1961.
Estudió Diseño Gráfico en la Escuela Superior de Artes Gráficas
de la ciudad de París y se ha especializado en la ilustración
de libros infantiles. Desde 1984, a su regreso a Caracas, se desempeña
como ilustradora y diseñadora, oficio que le ha llevado a crear las
imágenes que sustentan los siguientes libros: **El tren de Bogotá**;
La Virgen no tiene cara; **Cuentos para hacer muchos
cuentos** y **Poemas con niños.**

Cristina Solé was born in Caracas in 1961. She graduated in Graphic Design at the Superior School of Graphic Arts at Paris, and she has specialized in children books ilustration. Since 1984, when she returned to Caracas, she works as a designer and illustrator, which has allowed her to create the images that nourish the following books: *El tren de Bogotá*; *La Virgen no tiene cara*; *Cuentos para hacer muchos cuentos* and *Poemas con niños.*

**COLOFÓN COLOFÓN
COLOFÓN COLOFÓN COLOFÓN
COLOFÓN COLOFÓN**